시사

일본어능력시험

JLPT

합격 시그널

저자 上田暢美, 内田嘉美, 桑島卓男, 糠野永未子, 吉田歌織, 若林佐恵里, 安達万里江

모의고사
N1 문자
어휘

10회분

시사일본어사

머리말

여러분 안녕하세요. 처음 뵙겠습니다. 이 책을 펼치신 여러분은 행운아입니다. 일본어능력시험 합격에 한 걸음 다가섰다고 생각합니다.

왜냐하면 이 책은 문제 수가 많기 때문입니다. 저희는 그동안 오랜 기간 일본어 교사 생활을 거치며, 일본어능력시험에 합격을 하기 위해서는 최대한 많은 문제를 풀면서 다양한 어휘와 표현을 익혀야만 합격에 가까워진다는 것을 경험해 왔습니다. 그래서 실제 일본어능력시험 유형에 맞춘 다량의 문제를 수록하였습니다.

합격을 목표로 많은 문제에 도전할 수 있습니다. 실제 시험처럼 시간을 재서 문제를 풀어 보고, 틀린 문제는 다시 풀어 보세요. 확실히 외울 때까지 여러 번 풀어 보세요. 그러면 합격은 바로 눈앞에 있을 것입니다.

자, 일단 문제집을 펴고, 풀어 보고 익혀 보세요. 그리고 합격해 주세요.

여러분을 응원하겠습니다!

저자 일동

목차

이 책은 아웃풋(output) 연습으로 사용하는 것을 염두에 두고 만들었지만, 인풋(input) 수단으로도 이용할 수 있습니다. 즉, 여러분의 현재 실력을 실전 문제 형식을 통해 확인할 수도 있고, 새로운 지식을 습득할 수도 있습니다. 다음에 제시하는 교재 사용법을 참고하여 학습에 도움을 받으시길 바랍니다.

1. 여러 번 풀어 보기

시험 공부는 절대량이 중요합니다. 특히 틀린 문제를 그대로 두면 문제를 푸는 의미가 없습니다. 몇 번이고 다시 풀어서 지식을 자신의 것으로 만드세요.

예 네 번씩 풀어 보기

첫 번째: 문제집에 직접 쓰지 말고 노트에 풀어 본다. 풀지 못한 문제는 표시해 둔다.

두 번째: 문제집에 직접 쓰지 말고 노트에 풀어 본다. 표시가 있는 것을 풀어 본다. 또 다시 풀지 못한 문제는 새로 표시해 둔다.

세 번째: 문제집에 직접 쓰지 말고 노트에 풀어 본다. 새로 표시한 문제를 풀어 본다.

네 번째: 시간을 재서 모든 문제를 풀어 본다. 목표 시간보다 짧은 시간 안에 풀도록 한다.

2. 자투리 시간 활용하기

시간이 날 때, 예를 들면 버스나 지하철을 타고 이동하는 도중이라도 틈틈이 문제를 풀어 보세요. 특히 문자·어휘 파트는 문제당 풀이 시간이 오래 걸리지 않기 때문에 충분히 가능합니다. 책상에 앉아서 전체를 한번에 다 풀어 보는 학습만이 유일한 방법은 아닙니다.

3. 모르면 해답 보기

최종적으로 본 시험 당일에 풀 수만 있으면 됩니다. 따라서 '도저히 생각해도 모르겠다'고 생각되는 문제는 적극적으로 해답을 보고 지식을 얻어서 익히도록 하세요.

4. 스피드를 우선시하기

첫 페이지부터 시간을 들여 모든 것을 이해하려고 할 필요는 없습니다. 어차피 여러 번 풀어 볼 테니까 처음에는 전체의 절반만 이해해도 성공이라는 마음으로 편하게 생각하세요. 두 번째, 세 번째에 머릿속에 넣으면 됩니다. 그러기 위해서라도 멈추지 말고 신속하게 풀어 나가는 것이 좋습니다.

달성표

	예	1회	2회	3회	4회	5회	6회	7회	8회	9회	10회
첫 번째	10										
두 번째	14										
세 번째	19										
네 번째	25										

다 풀었으면 25문제 중 몇 문제가 정답이었는지 적어 보세요.

일본어능력시험(JLPT)의 개요

원칙적으로 일본어를 모국어로 하지 않는 사람을 대상으로 일본어 능력을 측정하고 인정하는 세계 최대 규모의 일본어 시험입니다. 1984년에 시작하여 2010년에 새로운 형식으로 바뀌었습니다. N5부터 N1까지 다섯 레벨로 구분되어 있습니다.

+ **주최**　　　국제 교류기금과 일본 국제 교육지원협회가 공동 개최

+ **개최 시기**　7월과 12월 연 2회 (개최 장소에 따라 연 1회)

+ **개최 장소**　시험에 대한 자세한 내용은 공식 사이트를 참조하세요.
　　　　　　　www.jlpt.or.kr

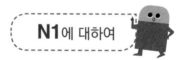

N1에 대하여

+ **시간**　　　언어 지식 (문자 · 어휘 · 문법) · 독해: 110분
　　　　　　　청해: 60분

+ **득점**

종합 득점		득점 구분(영역)					
		언어 지식 (문자 · 어휘 · 문법)		독해		청해	
득점 범위	합격 점수	득점 범위	기준 점수	득점 범위	기준 점수	득점 범위	기준 점수
0 ~ 180점	100점	0 ~ 60점	19점	0 ~ 60점	19점	0 ~ 60점	19점

합격을 위해서는 ①종합 득점이 합격에 필요한 점수(=합격 점수) 이상이어야 하고, ②각 영역별 합격에 필요한 점수(=기준 점수) 이상이어야 합니다. 한 영역이라도 기준 점수에 미달할 경우에는 종합 득점이 아무리 높아도 불합격 처리됩니다.

득점은 '척도 득점'을 도입하고 있습니다. 척도 득점은 '등화' 방법을 이용한 것으로, 항상 같은 척도로 측정할 수 있는 득점 방식입니다. 척도 득점을 이용함으로써 시험을 봤을 때의 일본어 능력을 보다 정확하고 공평하게 점수로 나타낼 수 있습니다.

✛ 인정 기준 폭넓은 장면에서 사용되는 일본어를 이해할 수 있다.

읽기

- 폭넓은 화제에 대해 쓰인 신문의 논설, 평론 등 논리적으로 약간 복잡한 글이나 추상도가 높은 글 등을 읽고, 글의 구성과 내용을 이해할 수 있다.
- 다양한 화제의 내용에 깊이 있는 읽을거리를 읽고, 이야기의 흐름과 상세한 표현 의도를 이해할 수 있다.

듣기

- 폭넓은 장면에서 자연스러운 속도의 체계적인 내용의 대화나 뉴스, 강의를 듣고, 내용의 흐름 및 등장인물의 관계나 내용의 논리 구성 등을 상세하게 이해하거나 요지를 파악할 수 있다.

✛ N1 문자·어휘 구성

	문제	목표
1	한자 읽기	한자로 쓰여진 단어의 읽는 법을 묻는다.
2	문맥 규정	문맥에 의해 의미적으로 규정되는 단어가 무엇인지 묻는다.
3	유의 표현	출제된 단어나 표현과 의미적으로 가까운 단어나 표현을 묻는다.
4	용법	출제된 어휘가 문장 속에서 어떻게 사용되는지 묻는다.

정답 · 해설 – **91p**

정답 수

25 문제

문제 풀이
목표 시간

20분

問題1 ＿＿＿の言葉の読み方として最もよいものを、1・2・3・4から一つ選びなさい。

1 コツコツという足音が廊下に響いた。
　　1　ひびいた　　　2　ないた　　　　3　わいた　　　　4　なびいた

2 過ぎ去ったことを悔やんでも仕方がない。前を向いて生きていこう。
　　1　なやんで　　　2　うらやんで　　3　はやんで　　　4　くやんで

3 ここは12階で周りのビルより高いので、視界を遮るものは何もない。
　　1　かすめる　　　2　さえぎる　　　3　とどめる　　　4　つきる

4 国民は国会での首相の発言に敏感に反応し、各地で批判が起こった。
　　1　みんかん　　　2　みんがん　　　3　びんかん　　　4　びんがん

5 世界的に男性より女性のほうが平均寿命が長い傾向がある。
　　1　じゅめい　　　2　じゅみょう　　3　じゅうめい　　4　じゅうみょう

6 山田選手は3本のヒットでチームの勝利に貢献した。
　　1　かいけん　　　2　かいなん　　　3　こうなん　　　4　こうけん

問題2 （　　）に入れるのに最もよいものを、1・2・3・4から一つ選びなさい。

7 クラスメートの森田_{もりた}さんとデートしているところを友達に見られて（　　）。

1　しいられた　　　2　ひやかされた　　　3　もてなされた　　　4　ひきいられた

8 （　　）の社長が、この会社を大きく発展させたらしい。

1　古代　　　　　2　近郊　　　　　　3　先代　　　　　　4　近世

9 あの俳優は前から人気はあったが、例のドラマで去年一気に（　　）した。

1　スルー　　　　2　ボイコット　　　3　ブーム　　　　　4　ブレイク

10 いつも仕事をしない彼があの大変な仕事をやらせてくれだなんて、何か（　　）があるに違いない。

1　内心　　　　　2　気心　　　　　　3　下心　　　　　　4　裏心

11 そのチームは、力強いプレーで敵を（　　）。

1　圧倒した　　　2　完敗した　　　　3　健闘した　　　　4　突撃した

12 風邪をひいて頭が痛いが、さっき薬を飲んだので、（　　）よくなるだろう。

1　じかに　　　　2　いかに　　　　　3　いきに　　　　　4　じきに

13 今回の台風は、列島各地に大きな被害を（　　）。

1　もたらした　　　2　引きずった　　　3　おさめた　　　　4　そこなった

問題3 _____ の言葉に意味が最も近いものを、1・2・3・4から一つ選びなさい。

14 うちの会社とA社は同業ではあるが、スケールが全然違う。

1 目的 2 立地 3 規模 4 方針

15 学生ならほかに専念すべきことがあるんじゃない？

1 集中 2 挑戦 3 研究 4 習得

16 土地のしきたりに慣れるのには時間がかかるものだ。

1 味付 2 慣習 3 天候 4 言葉

17 会議の進行を妨げないでください。

1 周知しない 2 停止しない 3 中断しない 4 邪魔しない

18 この記事は、知事のこれまでの発言をまとめたものだ。

1 村の長 2 市の長 3 都道府県の長 4 国の長

19 極端な方法でダイエットをするのは体によくない。

1 間違った 2 偏った 3 簡単な 4 単純な

問題4 次の言葉の使い方として最もよいものを、1・2・3・4から一つ選びなさい。

20 路線

1 この路線に住んでいる住民はお金持ちが多い。

2 市民たちは政策路線の変更を求めてデモを起こした。

3 彼は他人の言うことは気にしない路線で、自分のやり方を貫くタイプだ。

4 踏切のない所で路線を横切ると危ない。

21 いかにも

1 近場でこんなにすばらしい景色が見られるなんて、いかにも夢のようだ。

2 給料が魅力でこの会社に入ったが、残業続きで休日出勤も多いから、いかにも休みたい。

3 大学生に人気の店だけあって、店内の小物に至るまでいかにも若者が好みそうな雰囲気だ。

4 高いところは苦手だから、私がいかにも登りたくないところは東京タワーだ。

22 一息

1 作品の完成までもう一息だから、あきらめずにがんばろうじゃないか。

2 新聞の号外が配られ始めると、大勢の人々が一息に集まってきた。

3 この作戦が成功すれば、犯人グループが一息に検挙できるだろう。

4 彼女の一息は、今アメリカで経済の勉強をしている。

23 割く

1 手がすべって、父が大切にしていたお皿を割いてしまった。

2 10年間友達の縁を割いていたが、再会したのをきっかけに仲直りした。

3 この作業は一人では大変だから、グループで仕事を割いてすることにしましょう。

4 忙しい社長が僕のためにわざわざ時間を割いて話を聞いてくれた。

24 シェア

1 円滑な業務遂行のために、知り得た情報はチーム全員でシェアすべきだ。

2 このピザは 8 枚にシェアして食べることにしましょう。

3 高齢化が進んだこの町では、シェアの 60%は老人が占めている。

4 ここでは毎年 7 月になるとアニメが好きな若者を中心に大規模なシェアが行われている。

25 あやふや

1 昨日の晩は満月だったのに、雲が多くて月があやふやにしか見えなかった。

2 調査によると、若者の三人に一人が将来に対するあやふやな不安を抱えているという。

3 好きでもないのにデートをするというようなあやふやな態度はとるべきじゃないよ。

4 遅刻ばかりしている彼が、上司や同僚にあやふやな人だと思われているのも当然だ。

정답·해설 – 91p

정답 수

/ **25** 문제

문제 풀이
목표 시간

20분

問題1 ＿＿＿＿の言葉の読み方として最もよいものを、1・2・3・4から一つ選びなさい。

1 ダイエット食品は、カロリーの取り過ぎが指摘される先進国において特に需要がある。

| 1 じゅうよう | 2 しゅうよう | 3 じゅよう | 4 しゅよう |

2 このあたりで怪しい男を見かけたら、すぐに110番してください。

| 1 あやしい | 2 いやしい | 3 くやしい | 4 おそろしい |

3 健康診断でしばらくお酒は控えるように言われた。

| 1 おさえる | 2 さかえる | 3 むかえる | 4 ひかえる |

4 裁判で勝つためには、できるかぎり証拠を集めなければならないだろう。

| 1 しょこう | 2 しょうこう | 3 しょうこ | 4 しょこ |

5 新しい道路ができて、交通渋滞が緩和された。

| 1 だんわ | 2 かんわ | 3 らんわ | 4 たんわ |

6 これまでの常識を覆す新しい方法が考え出された。

| 1 ひっくりかえす | 2 うらがえす | 3 くつがえす | 4 やりなおす |

問題 2 （　　）に入れるのに最もよいものを、1・2・3・4から一つ選びなさい。

[7] 最近は忙しくて、実家の両親にも（　　）連絡していないなあ。
1　あっけなく　　　2　ひさしく　　　　3　みっともなく　　4　そっけなく

[8] このタンスはとても安かったが、その分、やはり作りが（　　）だった。
1　露骨　　　　　2　自在　　　　　　3　雑　　　　　　　4　巧み

[9] 今日は何となくやる気が出ない。学校は（　　）しまおう。
1　ドジって　　　2　サボって　　　　3　ダブって　　　　4　トラブって

[10] 私ばかりがいつも家事をさせられるのは（　　）だと思いませんか。
1　不公平　　　　2　不公正　　　　　3　非公式　　　　　4　非公開

[11] あの女優は映画で賞を取ってから、ちょっと（　　）いるようだ。
1　いたわって　　2　うぬぼれて　　　3　こごえて　　　　4　かさばって

[12] 会社をリストラされたので、今はアルバイトで（　　）を立てているんです。
1　生計　　　　　2　定年　　　　　　3　算出　　　　　　4　経費

[13] そんなに（　　）洗ったら、車に傷がつきますよ。
1　ぴかぴか　　　2　つるつる　　　　3　ぼつぼつ　　　　4　ごしごし

問題3 _____の言葉に意味が最も近いものを、1・2・3・4から一つ選びなさい。

14 作業は大きく三つの<u>カテゴリー</u>に分けて進めていく予定です。

    1　領域　　　　　　2　文化　　　　　　3　分量　　　　　　4　存在

15 うちのクラスには、政治家を<u>志す</u>学生がいる。

    1　尊敬する　　　　2　目標とする　　　3　嫌悪する　　　　4　見下す

16 地震で被害にあった人たちのために、多くの人から寄付の<u>申し出</u>があった。

    1　贈り物　　　　　2　届け　　　　　　3　しらせ　　　　　4　申し入れ

17 インターネットでボランティアを呼びかけたところ、<u>一挙に</u>人が集まった。

    1　一気に　　　　　2　一緒に　　　　　3　一か所に　　　　4　一様に

18 今回の大会で優勝できなかったことで、数名の選手が引退を<u>示唆した</u>。

    1　約束した　　　　2　明言した　　　　3　取り消した　　　4　におわせた

19 労働条件が<u>過酷な</u>企業は少なくない。

    1　とても厳しい　　2　とてもゆるい　　3　決まっていない　4　ありすぎる

問題4 次の言葉の使い方として最もよいものを、1・2・3・4から一つ選びなさい。

20 沸騰

1 大雨の後は川が沸騰することがあるので、近寄ってはいけない。

2 部長は沸騰しやすい性格で、些細なことでもすぐ部下を怒鳴りつける。

3 先週公開された映画は数々の賞を受賞した俳優陣が共演していて、話題沸騰中だ。

4 この料理は野菜を沸騰させてから調味料を加え、しばらく冷ますと味がよくなる。

21 ニュアンス

1 私が直接聞いたわけではないから、彼の言葉のニュアンスまでは分からないよ。

2 本場で食べるイタリア料理と近所のイタリア料理とでは、やっぱりニュアンスが違う。

3 さすが有名な画家が描いただけあって、きれいなニュアンスの絵だね。

4 この音楽は最先端のニュアンスで作られたもので、若者の間で絶大な人気を誇っている。

22 とっさに

1 インターネットの普及によって、遠隔地にいる人ととっさに会話ができるようになった。

2 飲み会でいきなり年齢を聞かれ、とっさにうそをついてしまった。

3 最優秀選手の選定には時間がかかると思われたが、意外にもとっさに決まってしまった。

4 残された時間はごくわずかだ。とっさに対処法を考えなければ重大な事態を引き起こしかねない。

23 手違い

1 宿題を提出したら、先生に小さな手違いを指摘された。

2 出荷時の手違いで、本社に届くはずの荷物が支社に送られてしまった。

3 この曲を弾くときはいつもここで手違いをしてしまうので気をつけよう。

4 あの方は田中さんではなくて山田さんですよ。手違いをしないでください。

24 こじれる

1 最近は中学校の受験でさえ、<u>こじれた</u>問題が多く出題される。

2 この辺りは昔からの町並みで、細い道が<u>こじれて</u>迷路のようになっている。

3 掃除が嫌いな彼の部屋は<u>こじれていて</u>、どこに何があるかさえ分からない。

4 労使間の賃金交渉が<u>こじれ</u>、組合はストを断行すると宣言した。

25 かすか

1 天気のいい日にはこのビルの上から<u>かすか</u>に富士山が見える。

2 今月残っているお金はあと<u>かすか</u>だから、大事に使わなければ。

3 あの人の話は<u>かすか</u>だから全然わからない。

4 彼女は<u>かすか</u>なピンクのスカートが大好きで、デートには必ずはいて行く。

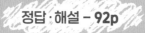
정답·해설 – **92p**

정답 수

/ **25** 문제

문제 풀이
목표 시간

20 분

問題1 ＿＿＿の言葉の読み方として最もよいものを、1・2・3・4から一つ選びなさい。

1 自分より弱い相手だと侮って油断してはいけない。

　　1　みくびって　　　2　いろどって　　　3　おこたって　　　4　あなどって

2 同窓会では15年ぶりに懐かしい顔ぶれがそろった。

　　1　かがやかしい　　2　いぶかしい　　　3　ふるめかしい　　4　なつかしい

3 ほしいものがあれば何でも譲るので、遠慮なく言ってね。

　　1　あげる　　　　　2　つのる　　　　　3　ゆずる　　　　　4　あたえる

4 昔は高かった大型テレビも、今は手頃な値段で買えるようになった。

　　1　てごろ　　　　　2　てころ　　　　　3　しゅごろ　　　　4　しゅころ

5 裁判所が原告の訴えを却下したため、有罪が確定した。

　　1　かくか　　　　　2　きゃっか　　　　3　そっか　　　　　4　きょか

6 今回の世論調査の結果は、今の国民の考えを如実に表している。

　　1　にょじつ　　　　2　にゅじつ　　　　3　にょうじつ　　　4　じょじつ

問題2 （　　）に入れるのに最もよいものを、1・2・3・4から一つ選びなさい。

7 交渉が長引いて、ついに先方が弁護士を連れてきた。これはもう私の（　　）。
　　1　手が足りない　　2　手に負えない　　3　足が出ない　　　4　足が向かない

8 私の生活（　　）には、コンビニが5軒もある。
　　1　所　　　　　　　2　圏　　　　　　　3　場　　　　　　　4　囲

9 来週始まる新プロジェクトのスケジュール、（　　）なものでいいので教えてください。
　　1　シック　　　　　2　ラフ　　　　　　3　ムード　　　　　4　キャリア

10 このゲームを知っていますか。（　　）流行したパズルゲームです。
　　1　一面　　　　　　2　一心　　　　　　3　一頃　　　　　　4　一身

11 山田さんとはお金のことで先週ちょっと（　　）ので、今はあまり会いたくない。
　　1　ねだった　　　　2　あせった　　　　3　ばてた　　　　　4　もめた

12 彼は失敗するといつも見苦しい（　　）ばかりする。
　　1　説得　　　　　　2　納得　　　　　　3　内訳　　　　　　4　言い訳

13 彼女は人前で話すのは大嫌いらしいから、どんなに（　　）もスピーチはしてくれないと思うよ。
　　1　ねたんで　　　　2　おだてて　　　　3　さばいて　　　　4　さえぎって

問題3 _____の言葉に意味が最も近いものを、1・2・3・4から一つ選びなさい。

14 うちの会社は三つのセクションがある。

    1　建物　　　　　　2　工場　　　　　　3　企画　　　　　　4　部門

15 そんなことは一概には言えない。

    1　一様に　　　　　2　一度に　　　　　3　一斉に　　　　　4　一気に

16 もっと柔軟に考え方を転換することが必要だ。

    1　良くする　　　　2　変える　　　　　3　広げる　　　　　4　まとめる

17 あの山のてっぺんに珍しい花が咲いているらしい。

    1　ふもと　　　　　2　手前　　　　　　3　中腹　　　　　　4　頂上

18 簡単な宿題なのにやらないのは怠慢です。

    1　あまえています　　　　　　　　2　なまけています

    3　みだれています　　　　　　　　4　ふざけています

19 学校にスマホを持って行ったら没収されてしまった。

    1　取り上げられて　　　　　　　　2　壊されて

    3　盗まれて　　　　　　　　　　　4　いたずらされて

問題4 次の言葉の使い方として最もよいものを、1・2・3・4から一つ選びなさい。

20 間柄

1 仕事で着るスーツの間柄はもっと地味なほうがいいんじゃない？

2 街路樹と街路樹の間柄は、約10メートルにするように決められている。

3 あの人とはあいさつを交わす程度の間柄で、どんな人なのかはよく知らないんです。

4 田中さんと山田さんは間柄が悪くて、社内でも有名だ。

21 禁物

1 料理のとき包丁を使うのは禁物だから扱いに気をつけなければならない。

2 税関を通さず国内に生き物を持ち込むのは法律で禁物とされている。

3 小さいころから野菜が禁物で、よく母にしかられたものだ。

4 そんなに仕事ばかりしていたら体を壊しかねないよ。無理は禁物だよ。

22 つくづく

1 めったにない機会だから、部長には私の考えをつくづくと伝えようと思っている。

2 つくづくご検討の上、お返事くださいますようお願い申し上げます。

3 実験に何度挑戦しても失敗ばかりで、研究を続けるのがつくづく嫌になった。

4 つくづくとした虫の音色を聞くと、秋になったことを実感する。

23 くっきり

1 陰口を叩くくらいなら、本人の前で言いたいことをくっきりと言ったらどう？

2 とても見晴らしがいいので、ここからは遠くの山の稜線までくっきり見える。

3 ゲームに夢中になって、美容院の予約をくっきり忘れてしまった。

4 勉強で疲れた時、シャワーを浴びると、頭がくっきりする。

おろそか

1 彼女は自分の意見をいつもおろそかに答えるので、何を考えているか分からない。

2 社会勉強になるとはいえ、アルバイトに夢中で勉強がおろそかになるのは本末転
　倒だ。

3 あの人はおろそかな人だから、頼んだ仕事をきちんとやってくれたためしがない。

4 やりがいのある仕事だから、利益はおろそかにしてでもがんばりたい。

25 むしる

1 もうすぐ夏だから、母に庭の雑草をむしってきれいにしておくように頼まれた。

2 ここにある木をむしって、玄関の近くに植え替えることになった。

3 早く治療しないと、虫歯をむしらなければならなくなるかもしれない。

4 子供のころ、友達と大げんかをして顔をむしられたことがある。

정답·해설 − 92p

정답 수

25 문제

문제 풀이
목표 시간

20 분

問題 1　＿＿＿＿の言葉の読み方として最もよいものを、1・2・3・4から一つ選びなさい。

① 父はタクシーの運転手だ。ハンドルを握ってもう 30 年になる。

　　1　にぎって　　　　2　ちぎって　　　　3　かぎって　　　　4　あやつって

② 援助が結果として自立を妨げる場合がある。

　　1　しいたげる　　　2　さまたげる　　　3　つなげる　　　　4　あらげる

③ 日本は自然災害の多い国だ。

　　1　さいはい　　　　2　ざいはい　　　　3　さいがい　　　　4　ざいがい

④ 京都の料理は素材のうまみを生かすために、あまり濃い味付けにしない。

　　1　すざい　　　　　2　すうざい　　　　3　そざい　　　　　4　そうざい

⑤ 商売繁盛を願って、毎年この神社にお参りしている。

　　1　びんせい　　　　2　はんせい　　　　3　びんじょう　　　4　はんじょう

⑥ 山本さんはひまさえあれば、為替レートをチェックしている。

　　1　いかえ　　　　　2　かわせ　　　　　3　かたい　　　　　4　いたい

問題2　（　　）に入れるのに最もよいものを、1・2・3・4から一つ選びなさい。

7　前回のテストでは、緊張のあまり読解問題で（　　）しまい、合格できなかった。
　　1　いたって　　　　2　うなずいて　　　3　ぼやけて　　　　4　しくじって

8　維持費のかからない車が人気だ。各メーカーは（　　）ハイブリッドカーに力を入れている。
　　1　足並み　　　　2　人並み　　　　3　軒並み　　　　4　家並み

9　彼は生まれつき目が悪いという（　　）を乗り越えて、みどり大学に合格した。
　　1　ハンデ　　　　2　ウォール　　　　3　ポーズ　　　　4　タワー

10　薬の（　　）で眠くなるおそれがあるので、運転前には飲まないようにしてください。
　　1　応用　　　　2　副作用　　　　3　無用　　　　4　悪用

11　彼女は緊張すると髪の毛を（　　）癖がある。
　　1　きざむ　　　　2　つむ　　　　3　つねる　　　　4　いじる

12　隣の部屋の大学生は引っ越したのかもしれない。最近どうも人の（　　）がしない。
　　1　予見　　　　2　予感　　　　3　気配　　　　4　気分

13　近所にいるネコ、（　　）瞳が本当にかわいいんですよ。
　　1　おおらかな　　2　ややこしい　　3　つぶらな　　　　4　すみやかな

問題3 _____ の言葉に意味が最も近いものを、1・2・3・4から一つ選びなさい。

14 発表後、予想以上に多くの人から質問や<u>コメント</u>をもらった。

    1　拍手　　　　　　2　意見　　　　　　3　議題　　　　　　4　評価

15 すぐ帰れるよう、<u>あらかじめ</u>タクシーを頼んでおいてください。

    1　後で　　　　　　2　即座に　　　　　3　その都度　　　　4　事前に

16 私のグループはワクチンの研究に<u>とりかかる</u>ことになった。

    1　着手する　　　　2　干渉する　　　　3　移行する　　　　4　加入する

17 彼の言っていることは<u>つじつまが合わない</u>。

    1　矛盾している　　2　ありふれている　3　おおげさだ　　　4　生意気だ

18 宮田^{みやた}さんに連絡する<u>すべ</u>がない。

    1　理由　　　　　　2　必要　　　　　　3　方法　　　　　　4　時間

19 市民団体からの<u>抗議</u>があり、市長は急きょ記者会見を開いた。

    1　提案　　　　　　2　打診　　　　　　3　賛成　　　　　　4　反対

問題4 次の言葉の使い方として最もよいものを、1・2・3・4から一つ選びなさい。

20 露骨（ろこつ）

1 彼に仕事を頼むと露骨（ろこつ）にいやな顔をするので頼みにくい。

2 崩れかけた建物から柱が露骨（ろこつ）に現われている。

3 この場では、皆で悩みを共有して露骨（ろこつ）に話し合いましょう。

4 豚をベースにした露骨（ろこつ）なスープはこの店の名物で、毎晩多くの人が訪れる。

21 しぶとい

1 この料理は油っこくてしぶとかったので、全部は食べ切れなかった。

2 課長はいつもしぶとく嫌みを言うので、部下からあまり好かれていない。

3 息子は体がしぶとくないので、柔道を習わせることにした。

4 訪問販売の担当者があまりにしぶといので、根負けして買ってしまった。

22 ずるずる

1 暑いからといってずるずるしていないで、掃除か洗濯でもしたらどう？

2 休みの日は、行く先を決めないで家の近くをずるずると散歩するのが好きだ。

3 彼は辞める辞めると言いながら、ずるずると今の会社で働き続けて、もう10年になる。

4 冬にはマイナス20度近くなるこの町では、道路が凍ってずるずるになることが多い。

23 下手をする

1 人前に出て何かするのが嫌いなので、下手をする仕事に就きたいと思っている。

2 雪山登山は、下手をすると遭難しかねないので気をつけたほうがいい。

3 下手をすると第一志望の大学へ入れるかもしれないから、もう少し頑張ろう。

4 答えられないのなら、手を挙げないで下手をしているほうがいい。

24 かさむ

1 パンに納豆をかさんで食べる人は、そんなに珍しくない。

2 最近、飲み会続きで体重がかさんできたから、運動でもしようかと思っている。

3 子供が大きくなると、塾や習い事に出費がかさんでしょうがない。

4 忙しい毎日ではあるが、趣味の時間がかさむのはうれしいことだ。

25 あくどい

1 老人を狙って高額の商品を買わせるとは、いくらなんでもやり方があくどい。

2 この野菜はあくどいので、調理の下ごしらえに手間がかかる。

3 全く勉強しなかったから、今回のテストの結果はきっとあくどいだろう。

4 田中さんは昔からあくどくて、何度も同じ話をするので困っている。

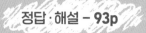
정답·해설 – **93p**

정답 수

25 문제

문제 풀이
목표 시간

20 분

問題 1 _____の言葉の読み方として最もよいものを、1・2・3・4から一つ選びなさい。

[1] 緊急時は彼の指示に従って行動してください。

    1　よって　　　　　2　したがって　　　3　そって　　　　　4　あたって

[2] 決勝戦では全力を尽くしたが、惜しくも負けてしまった。

    1　かくした　　　　2　はくした　　　　3　つくした　　　　4　じゅくした

[3] 今日の朝刊に国際会議での首相のスピーチの全文が掲載されている。

    1　かっさい　　　　2　けいさい　　　　3　かっざい　　　　4　けいざい

[4] 詳細はのちほどお知らせします。

    1　ようさい　　　　2　しょうさい　　　3　ようし　　　　　4　しょうし

[5] 田中先生の出版記念パーティーが盛大に行われた。

    1　しょうたい　　　2　しょうだい　　　3　せいたい　　　　4　せいだい

[6] あの事故では、ガス爆発の衝撃で3メートル飛ばされてけがをした人がいるらしい。

    1　しょうえき　　　2　しゅうえき　　　3　しょうげき　　　4　しゅうげき

問題2 （　　）に入れるのに最もよいものを、1・2・3・4から一つ選びなさい。

7 風邪を（　　）入院することになってしまった。
    1　しいられて　　　2　ばらされて　　　3　こじらせて　　　4　まぎらわせて

8 これは歴史を変えるような（　　）な発明だ。ノーベル賞も間違いない。
    1　画期的　　　　2　直接的　　　　3　相対的　　　　4　客観的

9 新商品はアイディアはまあまあだが、できればさらに（　　）の魅力がほしい。
    1　センス　　　　2　プラスアルファ　3　アドバンス　　　4　エレガント

10 夏休みのキャンプのことは、彼が一切を（　　）くれることになった。
    1　徹して　　　　2　徹底して　　　3　仕切って　　　4　仕上げて

11 近所に雷が落ちたようで、（　　）音がして驚いた。
    1　はなはだしい　2　おびただしい　3　すばしっこい　4　ものすごい

12 あの町には、結婚式の後に新郎を雪の中に放り投げるという（　　）がある。
    1　名誉　　　　　2　習性　　　　3　風習　　　　4　名物

13 以前は、上司の命令に（　　）ことなど考えられなかったそうだ。
    1　かこつける　　2　そむく　　　3　さえる　　　4　とぎれる

問題3 _____の言葉に意味が最も近いものを、1・2・3・4から一つ選びなさい。

14 彼の交渉の方法は<u>ワンパターンだ</u>。
1 一貫している
2 代わり映えしない
3 柔軟だ
4 筋が通らない

15 あの二人は<u>てっきり</u>結婚するものと思っていた。
1 すぐに　　　　2 そのうち　　　　3 そろそろ　　　　4 きっと

16 海へ出る道は<u>復旧して</u>いない。
1 古びて　　　　2 元通りになって　　3 使用されて　　　4 切り開かれて

17 社員に仕事を任せられない人は社長の<u>器ではない</u>。
1 能力がない　　2 自覚がない　　　3 学力がない　　　4 容器がない

18 彼らは<u>親密だ</u>。
1 したしい　　　2 しんせきだ　　　3 あやしい　　　　4 みっせつだ

19 去年は<u>所得</u>が増えたが今年は横ばいだ。
1 倒産　　　　　2 経費　　　　　　3 投資　　　　　　4 収入

問題4 次の言葉の使い方として最もよいものを、1・2・3・4から一つ選びなさい。

[20] 大まか

1 彼は中学生にしては大まかで、大学生と間違えられることもある。

2 大まかな見積もりが出たら、すぐに事業計画を立てることにしよう。

3 この町内では大まかなごみは水曜日に出すことになっている。

4 あの人の知識は大まかで、さまざまな分野のことに精通している。

[21] だぶだぶ

1 疲れていたので、昨日は朝からテレビを見たりお菓子を食べたりだぶだぶして過ごした。

2 デザインは気に入っているのだが、このスーツケースは大きすぎてだぶだぶだ。

3 私は、最近流行っているだぶだぶした映画があまり好きではない。

4 ダイエットをして10キロもやせたので、ズボンが全てだぶだぶになってしまった。

[22] 世相（せそう）

1 若い人の間で静かなブームとなっているこの映画は、現代の世相（せそう）を反映した作品だ。

2 スマホ画面で見る文字は、私のような中年の世相（せそう）には小さすぎる。

3 この事件がきっかけで、法案可決に反対を訴える世相（せそう）が高まった。

4 何をやってもうまくいかないので、世相（せそう）が当たると評判の占い師のもとを訪れた。

[23] 厚かましい

1 彼女はさまざまな業界に知り合いが多くて厚かましい人なので、みんなに好かれている。

2 私はとても厚かましくて、知らない人に会うとすぐ顔が赤くなってしまう。

3 勝手に家に上がり込んで夕飯まで食べた上に、お金を貸してほしいとは厚かましいやつだ。

4 あの喫茶店は大変厚かましくて、ゆっくりとコーヒーを飲むことができる。

24 振る舞い

1 彼は自分の過ちに気付いてからは、これまでのわがままな振る舞いを改めた。

2 あの動物は振る舞いが遅く、一日に 30 センチぐらいしか動かないそうだ。

3 一人では危険だから、夜間の振る舞いは二人以上が望ましい。

4 あの歌手の新曲の振る舞いはとても簡単で、子供でもすぐに真似をすることができる。

25 ねだる

1 あの先生に数学をねだられたおかげで、私は医学部に合格することができた。

2 おもちゃをねだられたのでだめだと言うと、息子は泣きわめいて店に座り込んだ。

3 友達と繁華街を歩いているとき、知らない人に「どこへ行くの？」と声をねだられた。

4 この辺りは治安が悪く、強盗に金品をねだられることがあるから注意したほうがよい。

6회

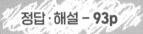
정답·해설 – **93p**

정답 수

/ **25** 문제

문제 풀이
목표 시간

20 분

問題 1 _____の言葉の読み方として最もよいものを、1・2・3・4から一つ選びなさい。

1 私は父の跡を継いで大工になろうと思う。
　　1　ついで　　　　2　といで　　　　3　かいで　　　　4　そいで

2 国の借金はこの 10 年で 2 倍に膨らんだ。
　　1　たくらんだ　　2　ふくらんだ　　3　からんだ　　　4　うらんだ

3 関東地方を襲った台風 18 号は、各地に大きな爪痕を残した。
　　1　おおった　　　2　おった　　　　3　おそった　　　4　おとった

4 勘定を済ませて店を出たら、雨が降っていた。
　　1　がんじょう　　2　かんじょう　　3　がんてい　　　4　かんてい

5 吉田課長は病を克服して、来月会社に復帰するらしい。
　　1　こくふく　　　2　かつふく　　　3　こっぷく　　　4　かっぷく

6 もうすぐ木々の緑が鮮やかな季節になる。
　　1　かろやか　　　2　さわやか　　　3　おだやか　　　4　あざやか

問題2 （　　）に入れるのに最もよいものを、1・2・3・4から一つ選びなさい。

7 不景気で仕事が不安定だ。（　　）となれば、妻にも働いてもらわなければならない。
　1　いざ　　　　　　2　あらかじめ　　　3　かつて　　　　　4　かねて

8 事故で大けがをしたが、初めの（　　）が適切だったので助かった。
　1　処置　　　　　　2　処分　　　　　　3　処方　　　　　　4　処理

9 コストが（　　）になって、その企画は今年度は見合わせることになった。
　1　ユニーク　　　　2　セール　　　　　3　ネック　　　　　4　ルール

10 健康を（　　）するために、肉類をあまり食べないようにして野菜中心の食事を心
　掛けている。
　1　維持　　　　　　2　継続　　　　　　3　保養　　　　　　4　保存

11 妹がライターで遊んでいるのを見て、父は（　　）怒った。
　1　こうこうと　　　2　ぎりぎりに　　　3　くすくすと　　　4　かんかんに

12 新人の若者が入ってきた。（　　）教えてやらなければならない。
　1　左から右まで　　2　北から南まで　　3　一から十まで　　4　上から下まで

13 10時間ものフライトで、すっかり足が（　　）しまった。
　1　もうろうとして　2　むくんで　　　　3　のびて　　　　　4　こじれて

問題3 ＿＿＿の言葉に意味が最も近いものを、1・2・3・4から一つ選びなさい。

14 <u>ユーザー</u>からの声を第一に商品の改善が行われた。

    1　製作者　　　　　2　開発者　　　　　3　販売者　　　　　4　利用者

15 <u>もはや</u>手の打ちようがない。

    1　もう　　　　　　2　ほとんど　　　　3　おそらく　　　　4　やはり

16 <u>うっとうしい</u>天気が続きますね。

    1　不安定な　　　　2　雲一つない　　　3　すっきりしない　4　気持ちがいい

17 彼は私の描いた絵を見て<u>あざ笑った</u>。

    1　苦笑した　　　　　　　　　　　2　面白がって笑った

    3　無理に笑った　　　　　　　　　4　ばかにして笑った

18 営業成績は<u>右肩上がり</u>だ。

    1　上昇している　　　　　　　　　2　バランスがよい

    3　上位だ　　　　　　　　　　　　4　優れている

19 家が近所になってからというもの、彼とは<u>しょっちゅう</u>飲みに行くようになった。

    1　ひんぱんに　　　2　じかに　　　　　3　たまに　　　　　4　まれに

問題4 次の言葉の使い方として最もよいものを、1・2・3・4から一つ選びなさい。

20 意地

1 どんなときでも意地を張る彼は、リーダーシップがあってみんなから信頼されている。

2 あの人は一度決めたら最後までやり抜く、意地が強い人だ。

3 彼女の意地のよさは近所でも評判で、この町で彼女のことを悪く言う人はいないだろう。

4 みんなでそこから降りるように説得したが、彼は意地になって降りようとしない。

21 切ない

1 信号が黄色になったら、切ないので止まってください。

2 カーボンファイバーは切なくて丈夫なので、飛行機の機体にも使われている。

3 遠い外国にいる彼女のことを考えると、切なくて胸が締め付けられる思いがする。

4 ジムでトレーニングをしていたら急に切なくなって、救急車で病院へ運ばれた。

22 差し支える

1 遅くまで飲むと明日の仕事に差し支えるので、早めに切り上げよう。

2 取引先の社長はお酒が好きだから、このワインを差し支えることにした。

3 早いもので、秘書として社長に差し支えてもう20年経ちました。

4 彼は長年にわたり、この会社を差し支えてきた功労者である。

23 やたら

1 母は買い物依存症なのか、洋服をやたら買い込んでは着ないでしまっておくことが多い。

2 ここは立ち入り禁止なので、関係者以外はやたらに入らないでください。

3 彼は整理整頓が苦手で、かばんの中はいつもやたらだ。

4 あの人の話はいつもうわさ話とかやたらなことばかりで信じられない。

24 キャリア

1 友達と子供を出産したキャリアについて話し合った。

2 彼は大手企業の営業部門で 10 年のキャリアを積んだ後、独立し、会社を設立
した。

3 あの人の説明はいつもキャリアで非常に分かりやすい。

4 田中さんのキャリアは客室乗務員だから、どんなときでも笑顔で人と接するこ
とができる。

25 帯びる

1 近くにコンビニがないので、会社に行くときはいつも水筒を帯びている。

2 他にはない丸みを帯びたデザインが評価されて、この作品が最優秀賞に選ばれた。

3 公園でよく見かけるあの植物はこの地方だけに帯びている非常に珍しいものだ。

4 最近は少し風邪を帯びていて熱もあるから、無理をしないようにしよう。

정답·해설 – **94p**

정답 수

/ **25** 문제

문제 풀이
목표 시간

20 분

問題1 _____の言葉の読み方として最もよいものを、1・2・3・4から一つ選びなさい。

1 彼は人の気に障ることばかり言う。
　　1 する　　　　　2 さわる　　　　　3 あたる　　　　　4 かかる

2 最近、一人暮らしの老人をねらった犯罪が増えているので、警察は注意を促している。
　　1 ながして　　　2 うながして　　　3 およがして　　　4 けがして

3 どうぞ遠慮しないでもっと召し上がれ。
　　1 えんろう　　　2 えんろ　　　　　3 えんりょう　　　4 えんりょ

4 この本は来週の水曜日までに図書館に返却してください。
　　1 へんきゃく　　2 へんきょ　　　　3 へんかく　　　　4 へんそく

5 先週のバスの事故では死亡者は出なかったものの、30人以上が負傷した。
　　1 ふしょう　　　2 ふじょう　　　　3 ふしょ　　　　　4 ふじょ

6 意見のある方は挙手をお願いします。
　　1 きょうしゅ　　2 きょうしゅう　　3 きょしゅ　　　　4 きょしゅう

問題2 （　　）に入れるのに最もよいものを、1・2・3・4から一つ選びなさい。

7 最近は、年齢を（　　）酒類を購入しようとする高校生が多い。
1 ごまかして　　　2 とまどって　　　3 見せびらかして　4 振る舞って

8 父は味に（　　）なので、料理に入っている化学調味料や香辛料の種類をすぐに言い当てる。
1 迅速　　　　　　2 高尚　　　　　　3 抜群　　　　　　4 敏感

9 あの人、今日はいやに（　　）が高いね。ちょっと元気すぎるぐらいだ。
1 デリケート　　　　　　　　　2 デモンストレーション
3 テクニック　　　　　　　　　4 テンション

10 彼は一見こわそうだが、（　　）はやさしい。ことに後輩に対してはそうだ。
1 根　　　　　　2 源　　　　　　3 本　　　　　　4 生

11 隣の席の人のタバコの煙が目に（　　）涙が出た。
1 むせて　　　　2 しみて　　　　3 かぶれて　　　4 はれて

12 山西先生はこの分野の（　　）で、多くの学生が先生の研究室に集まっている。
1 実力　　　　　2 有数　　　　　3 優位　　　　　4 権威

13 日本の梅雨は、本当に（　　）して過ごしにくいですね。
1 ぶらぶら　　　2 ぺこぺこ　　　3 じめじめ　　　4 びしゃびしゃ

問題3 _____の言葉に意味が最も近いものを、1・2・3・4から一つ選びなさい。

14 新入部員の二人はいいライバルになりそうだ。

    1　競争相手　　　　2　練習仲間　　　　3　協力相手　　　　4　競技仲間

15 厚かましいお願いですが、よろしくお願いします。

    1　とんでもない　　　　　　　　　2　ずうずうしい

    3　ぎょうぎょうしい　　　　　　　4　めんどうな

16 佐藤部長は自分では何もせず、部下に言いつけるばかりだ。

    1　任せる　　　　　2　頼る　　　　　　3　指図する　　　　4　釈明する

17 その点については、先方に確認してから返答いたします。

    1　上司　　　　　　2　師匠　　　　　　3　専門家　　　　　4　相手

18 その時は彼の意図がだれも理解できなかった。

    1　立場　　　　　　2　行動　　　　　　3　思惑　　　　　　4　説明

19 何事も最初が肝心だ。

    1　緊張する　　　　2　興奮する　　　　3　大変だ　　　　　4　重要だ

問題4 次の言葉の使い方として最もよいものを、1・2・3・4から一つ選びなさい。

20 そらす
1 作品の締め切りが迫っていて忙しく、もう2週間も家族と顔をそらしていない。
2 討論の場であるにもかかわらず、彼は話をそらしてばかりで議論しようとしなかった。
3 このタイミングをそらすと、彼女に本当のことを打ち明けられないかもしれない。
4 山の中で道をそらした場合、動かないでその場所で救助を待ったほうがよい。

21 白羽の矢
1 数多くの花から白羽の矢を立てて、母の誕生日にはバラを贈ることにした。
2 彼女のよいところは仕事が速い点だが、ときにはそれが白羽の矢になる。
3 彼は弓の名人で、どんなに遠くにあるものでも彼が狙えば白羽の矢になるそうだ。
4 我が社の幹部候補として、入社5年目の田中さんに白羽の矢が立った。

22 幅広い
1 集中豪雨でこの町の幅広い部分が土砂に覆われてしまった。
2 ラグビー選手である彼は、体格がよく幅広いのでなかなかサイズの合う服が見つからない。
3 この候補者は若者のみならず、幅広い年齢層からの支持を集めている。
4 日本列島は南北に幅広く、2月から5月にかけて全国各地で桜が見られる。

23 行く手
1 父の行く手は左手だが、字を書くときは右手を使っている。
2 彼女の父は彼女が3歳のときに行く手が分からなくなってしまったらしい。
3 行く手を確かめずにバスに乗って、知らない土地で迷子になってしまった。
4 困難を乗り越えた彼らの行く手には希望に輝く未来が待っている。

24 各自

1 面接は<u>各自</u>行いますから、受験生は名前を呼ばれるまでこの部屋でお待ちください。

2 このお皿は手作りだから、<u>各自</u>少しずつ形が異なっている。

3 会場の近くには店が少ないので、昼食は<u>各自</u>持参してください。

4 ここにいる<u>各自</u>の意見をこのプロジェクトに反映させたいと思っています。

25 ちょくちょく

1 引っ越してから、おじが家に<u>ちょくちょく</u>顔を出すようになった。

2 食事中、苦手な料理を<u>ちょくちょく</u>食べていたら、両親にやめるよう注意された。

3 この件につきましては、書類を<u>ちょくちょく</u>ご確認いただきますようお願い申し上げます。

4 彼女の子供はまだ幼くて、<u>ちょくちょく</u>歩けるようになったばかりだ。

1 회
2 회
3 회
4 회
5 회
6 회
7 회
8 회
9 회
10 회

정답·해설 – **94p**

정답 수

/ **25** 문제

20 분

문제 풀이
목표 시간

問題1 ＿＿＿の言葉の読み方として最もよいものを、1・2・3・4から一つ選びなさい。

1回 2回 3回 4回 5回 6回 7回 8回 9回 10回

1 過度な飲酒は人体に悪影響を及ぼすことがあります。
　　1　およぼす　　　　2　ほろぼす　　　　3　こぼす　　　　　4　のぼす

2 伊藤さんは職を失い、家賃の支払いも2か月滞っている。
　　1　にぶって　　　　2　はかどって　　　3　うけたまわって　4　とどこおって

3 この町が災害から復興するのに10年はかかると言われている。
　　1　ふくきょう　　　2　ふくこう　　　　3　ふっきょう　　　4　ふっこう

4 スマートフォンのアプリを使えば、一日に移動した距離を正確に知ることができます。
　　1　きょり　　　　　2　きょうり　　　　3　きゅり　　　　　4　きゅうり

5 その会社は急激に成長し、国内外10か所に拠点を置くまでになった。
　　1　しょうてん　　　2　しょてん　　　　3　きょうてん　　　4　きょてん

6 こつこつと小銭を貯めて、新しいパソコンを買った。
　　1　こがね　　　　　2　こぜん　　　　　3　こぜに　　　　　4　こせん

問題2 （　　）に入れるのに最もよいものを、1・2・3・4から一つ選びなさい。

7 私の免許証の写真、年齢よりも（　　）見えるのでいやなんです。
　　1　ばけて　　　　　2　ぼやけて　　　　3　ふけて　　　　　4　ふやけて

8 あんなに勉強したのに、テスト当日に（　　）忘れしてしまった。
　　1　物　　　　　　　2　度　　　　　　　3　完　　　　　　　4　場

9 あの会社はあまり有名ではないが、精密機械の業界（　　）は高い。
　　1　シェア　　　　　2　エリア　　　　　3　スペース　　　　4　ウイルス

10 昨夜、コンビニで酔っ払いが（　　）、警察が来る騒ぎがあった。
　　1　踏まえて　　　　2　先立って　　　　3　亡くして　　　　4　暴れて

11 新しい車がほしいので、今（　　）お金を貯めている。
　　1　おどおど　　　　2　てくてく　　　　3　ぶかぶか　　　　4　こつこつ

12 あの人は有名大学出身だということをいつも（　　）にかけている。
　　1　手　　　　　　　2　首　　　　　　　3　鼻　　　　　　　4　口

13 あきらめないで努力すれば、夢は（　　）はずだ。
　　1　めくる　　　　　2　いやす　　　　　3　たもつ　　　　　4　かなう

問題3 _____の言葉に意味が最も近いものを、1・2・3・4から一つ選びなさい。

14 時間がないので、ポイントだけ教えます。

1 要点　　　　2 場所　　　　3 正解　　　　4 意味

15 出資者をあざむいてお金を集めた。

1 接待して　　2 だまして　　3 おどして　　4 追い込んで

16 在庫はもうわずかです。

1 スタッフ　　2 チャンス　　3 ストック　　4 ノルマ

17 何もしていないのに、お客さんが殺到した理由がわからない。

1 全然来なくなった　　　　　2 一度に大勢来た

3 増え続けた　　　　　　　　4 急に減少した

18 最近つくづく思うのは、何よりも健康が大切だということだ。

1 たまに感じる　2 いつも感じる　3 何となく感じる　4 深く感じる

19 ちょっと立ち入ったことかもしれませんが、お聞きしてもよろしいですか。

1 プライベートにかかわる　　　2 おもしろくない

3 失礼に感じる　　　　　　　　4 気分を害する

問題4 次の言葉の使い方として最もよいものを、1・2・3・4から一つ選びなさい。

20 こっけい

1 田中さんはとてもこっけいで、みんなの憧れの的だ。

2 彼のファッションは奇抜で、ときにはこっけいにさえ見える。

3 ニュースを報道する者としては、よどみなくこっけいに話すことが最も重要だ。

4 彼の競技に対するこっけいな態度は、見るものすべてを感動させた。

21 見なす

1 彼は幼く見なされるので、よく高校生に間違えられるそうだ。

2 見知らぬ人を取引先の部長だと見なして、町で声をかけてしまった。

3 仮に彼女が海外出張中だったと見なしたら、部屋には誰もいないはずだ。

4 出欠の連絡のない方は無断欠席と見なし、会費は返還いたしません。

22 本場

1 さすがうどんの本場だけあって、ここのうどんは普段食べているものとはまるで違う。

2 この町があの小説の本場であるということは、子供から大人までみんな知っていることだ。

3 明朝は会社には寄らずに本場に直行したいのですがよろしいでしょうか。

4 市役所の3階には本場が設けられており、市民の憩いの場となっている。

23 手掛かり

1 バスの走行中は危険ですから、お立ちの方は手掛かりをお持ちください。

2 幼い子供が三人もいると、子育てにいろいろ手掛かりで大変だ。

3 地震でドアの手掛かりがはずれてしまったので、修理しなければならない。

4 現場に残っていた指紋が手掛かりとなって事件は解決へと向かった。

24 ぺこぺこする

1 昨夜寝ていないので頭がぺこぺこして、電車の中で倒れそうになった。

2 あの人は上司の前ではぺこぺこしているが、部下の前では横柄だ。

3 このシャツは300円で買っただけあって、ぺこぺこしていてすぐに破れそうだ。

4 昨晩から何も食べておらず、無性にお腹がぺこぺこする。

25 いざ

1 白沢監督の新しい映画、とてもおもしろいそうですよ。いざ、一緒に見にいきませんか。

2 これから出張なのに、大雨で電車が止まっている。いざ困った、どうしよう。

3 見ている限りでは簡単そうだが、いざ自分でしてみるとなると難しいものだ。

4 旅行先で食べた料理がとてもおいしかったので、いざ作ってみたらおいしくできた。

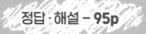
정답·해설 - 95p

정답 수

/ 25 문제

문제 풀이
목표 시간

20분

問題1 ＿＿＿の言葉の読み方として最もよいものを、1・2・3・4から一つ選びなさい。

1 A社の社長は、立派な人柄で社員から尊敬されている。

   1 ひとえ   2 じんえ   3 ひとがら   4 じんがら

2 レポートのしめきりが迫っているが、まだ半分も書けていない。

   1 きまって   2 せまって   3 あやまって   4 あまって

3 年々体力の衰えを感じている。

   1 さかえ   2 うれえ   3 おとろえ   4 しおえ

4 彼は偽名を使ってホテルに泊まったようだ。

   1 きみょう   2 ぎみょう   3 きめい   4 ぎめい

5 （天気予報で）「台風の進路にあたる地域では大雨に厳重な警戒が必要です。」

   1 げんじょう   2 げんじゅう   3 げんちょう   4 げんしゅう

6 吉田さんは穏やかで優しい人なのでめったに怒らないよ。

   1 あざやか   2 つややか   3 さわやか   4 おだやか

問題2 （　　）に入れるのに最もよいものを、1・2・3・4から一つ選びなさい。

7 最近は忙しいので、昼ごはんは（　　）コンビニで買ったパンで済ませている。

   1　きっかり　　　　2　もっぱら　　　　3　くっきり　　　　4　するっと

8 明日は（　　）会議ですから、電話に出られません。

   1　日夜　　　　　　2　翌日　　　　　　3　終日　　　　　　4　中日

9 40歳を過ぎて、若い人との（　　）を感じるようになった。

   1　ショック　　　　2　アプローチ　　　3　コントラスト　　4　ギャップ

10 留学の（　　）は整っている。あとは出発を待つだけだ。

   1　手順　　　　　　2　手引き　　　　　3　手はず　　　　　4　手ごろ

11 大変残念ですが、予算の関係で今回は（　　）ことになりました。

   1　見送る　　　　　2　見積もる　　　　3　見込む　　　　　4　見計らう

12 彼はまだ若いが、その才能には社長も（　　）置いている。

   1　一挙　　　　　　2　一見　　　　　　3　一概　　　　　　4　一目

13 父は一人で私たち家族五人を（　　）いる。

   1　きずいて　　　　2　つちかって　　　3　ととのえて　　　4　やしなって

問題3　　＿＿＿の言葉に意味が最も近いものを、1・2・3・4から一つ選びなさい。

14 このレコード店は曲名や歌手名順ではなく、音楽のジャンルごとに商品を並べている。

　　1　年代　　　　　　2　順番　　　　　　3　用途　　　　　　4　分野

15 江戸時代に作られたというこの小さな箱は、金の装飾がふんだんに施されている。

　　1　ひかえ目に　　2　大胆に　　　　3　多く　　　　　　4　少なく

16 名前を伏せて、ボランティアに参加した。

　　1　隠して　　　　　2　確かめて　　　3　公表して　　　4　記入して

17 この件については、なんらかの指示を仰ぐ必要がありますね。

　　1　出す　　　　　　2　守る　　　　　　3　求める　　　　4　与える

18 わが町の現状を危惧している。

　　1　心配して　　　2　静観して　　　3　嘆いて　　　　4　悲しんで

19 弟は最初「食べたのは自分じゃない」ととぼけていたが、しばらくすると謝ってきた。

　　1　強く主張して　　　　　　　　　2　知らないふりをして

　　3　言い訳して　　　　　　　　　　4　すっかり忘れて

問題4　次の言葉の使い方として最もよいものを、1・2・3・4から一つ選びなさい。

20 本分

1 学生の<u>本分</u>は学業だから、在学中はアルバイトではなく勉強に専念すべきである。

2 日本料理はシンプルな味付けで、素材<u>本分</u>の良さを生かしている。

3 彼女の<u>本分</u>は会社員だが、夜は近所の体育館で子どもたちにバレーボールを教えている。

4 内田さんはいつも冗談ばかり言っているが、自分の<u>本分</u>は決して他人に明かさない。

21 なれなれしい

1 あの二人はいつも仲良く一緒に行動をする<u>なれなれしい</u>兄弟だ。

2 彼女は<u>なれなれしくて</u>人気があり、初めて会った人とでもすぐに友達になれる。

3 初対面なのに相手を呼び捨てにするなど、<u>なれなれしい</u>態度はよくない。

4 転職してそろそろ1年になるが、やっとこの仕事にも<u>なれなれしく</u>なってきた。

22 負う

1 オリンピック出場という目標を<u>負って</u>日々練習に励んでいる。

2 今月はお金を使いすぎて、収入より支出が<u>負って</u>しまった。

3 円高の影響で、競合他社との争いは我が社が<u>負う</u>ことになりそうだ。

4 何もあなた一人が責任を<u>負って</u>会社を辞める必要はないんじゃないか。

23 げっそり

1 気苦労が多かったのか、転職してから彼は<u>げっそり</u>とやせてしまった。

2 飲んでいて夜遅くなってしまったので、<u>げっそり</u>家に入った。

3 母にもらった大切なセーターだが、古くなってさすがに<u>げっそり</u>してきた。

4 あの田中さんが秘書室の山田さんと結婚するなんて、<u>げっそり</u>だ。

24 突っかかる

1 強風で窓が割れ、もう少しでガラスの破片が目に突っかかるところだった。

2 彼は朝から機嫌が悪いようで部下を怒鳴りつけた上、上司にまで突っかかっていった。

3 ３日も前からあそこに突っかかっているのは山田さんのコートに違いない。

4 この仕事に早く突っかからないと締め切りに間に合わなくなる。

25 インテリ

1 さすがにインテリだけあって、彼は運動神経がいい。

2 あのインテリぶった男は自分の知識をひけらかして他人をばかにするいやなやつだ。

3 あの人の専門はインテリだから、何をするにしてもセンスの良さが光る。

4 新しいスマホは、高かったのにあまりインテリではなかった。

정답 · 해설 - **96p**

정답 수

25 문제

문제 풀이
목표 시간

20 분

問題1 _____の言葉の読み方として最もよいものを、1・2・3・4から一つ選びなさい。

1 テストが終わるまでゲームは我慢して勉強しなければならない。
 1 わまん 　　　 2 わめん 　　　 3 がまん 　　　 4 がめん

2 彼女は怒りを抑えて、最後まで冷静に話した。
 1 かかえて 　　 2 おさえて 　　 3 まじえて 　　 4 こたえて

3 雨の日は出かけるのが煩わしいので、たいてい家にいる。
 1 わずらわしい 　 2 まぎらわしい 　 3 うたがわしい 　 4 いまわしい

4 ライオンが獲物を捕まえる決定的瞬間の写真が撮れた。
 1 しゅうげん 　　 2 しゅうかん 　　 3 しゅんげん 　　 4 しゅんかん

5 犯人が逃げられないように、すべての出入口を封鎖した。
 1 へいさ 　　　 2 ふうさ 　　　 3 ほうさ 　　　 4 くうさ

6 A社の製品に欠陥が見つかり、すべて回収されることになった。
 1 けっけん 　　 2 けつげん 　　 3 けっかん 　　 4 けつかん

問題2　（　　）に入れるのに最もよいものを、1・2・3・4から一つ選びなさい。

7　米の（　　）方がよくないと、炊きあがったときにご飯がおいしくない。
　　1　こし　　　　　2　きり　　　　　3　とぎ　　　　　4　ねり

8　俳優が著名な詩人の詩を（　　）するのを聞きにいった。
　　1　朗読　　　　　2　刊行　　　　　3　鑑賞　　　　　4　描写

9　このところスケジュールが（　　）で、週末も休めないことが多い。
　　1　シック　　　　2　カット　　　　3　タイム　　　　4　タイト

10　（　　）さえつかめば、日本料理もそれほど難しくない。
　　1　てま　　　　　2　こつ　　　　　3　すじ　　　　　4　つぼ

11　今回の試験はよくできたと思います。（　　）がありました。
　　1　申し出　　　　2　先駆け　　　　3　手応え　　　　4　仕上がり

12　故郷の地震のニュースを見て、ショックのあまり（　　）とした。
　　1　はっ　　　　　2　じっ　　　　　3　ぼうぜん　　　　4　うっとり

13　（　　）店の定休日は水曜日でございます。
　　1　元　　　　　　2　当　　　　　　3　現　　　　　　4　私

問題3　＿＿＿＿の言葉に意味が最も近いものを、1・2・3・4から一つ選びなさい。

14 デリケートな商品なので、配送の際には取り扱いに注意してください。

　　1　間違えやすい　　2　落としやすい　　3　壊れやすい　　　4　汚れやすい

15 勉強をおろそかにしないよう母に言われた。

　　1　先送りしない　　　　　　　　　2　いい加減にしない

　　3　やりすぎない　　　　　　　　　4　嫌いにならない

16 東京出張にかこつけて、前から行きたかったアイドルのコンサートへ行った。

　　1　を口実にして　　2　を中止にして　　3　を目的にして　　4　を延期にして

17 議題は三つです。

　　1　トピック　　　　　2　リスク　　　　　3　コンセプト　　　4　カテゴリー

18 たとえ緊張しているときでも、平静を保つよう気をつけている。

　　1　静かさ　　　　　　2　いさぎよさ　　　3　ここちよさ　　　4　冷静さ

19 国際社会では、環境問題の解決方法を模索している。

　　1　探っている　　　2　つのっている　　3　まねしている　　4　決めている

問題4　次の言葉の使い方として最もよいものを、1・2・3・4から一つ選びなさい。

20 現地
1 ここは50年前は湖だったが、現地は住宅街になっている。
2 経営統合のため、我が社は現地のある大阪へ移転することになった。
3 この辺りは昔から象の現地として有名なところである。
4 足りないものがあれば、現地で調達するのが私なりの旅の楽しみ方だ。

21 たやすい
1 どんなに難しい問題であっても、頭脳明晰な彼はいともたやすく解いてしまう。
2 このTシャツはたやすいデザインなので、どんな年代の人にも似合う。
3 ビルの向かいにある駐車場はこの辺りで一番たやすくて、一日の値段が相場の半分だ。
4 あの先生は誰にでもたやすいので生徒に人気がある。

22 都度
1 この企業における新卒者採用試験の合格者数は都度によって異なる。
2 使用する教室は変更になる場合がありますので、その都度ご確認ください。
3 彼女は都度にこにこと微笑みを絶やさない女性である。
4 昨夜地震があったその都度、あなたはどこにいましたか。

23 やけに
1 暑いからといって、やけに冷たいものばかり食べていると病気になるよ。
2 いつもはしかめ面の部長が今日はずっと鼻歌を歌っている。やけに機嫌がいいなあ。
3 疲れが溜まっているときは、何もしないでやけによく寝たほうがいい。
4 彼はやけに優秀な成績で大学を卒業し、官僚になった典型的なエリートだ。

24 取り締まる

1 このカメラはスピード違反の車を<u>取り締まる</u>ために付けてあります。

2 あと 3 週間で入試なので、気持ちを<u>取り締まって</u>いかないと。

3 このパーティーの最後を<u>取り締まる</u>あいさつを先生にお願いしたいのですが……。

4 貴重品は各自<u>取り締まる</u>ようにしてください。

25 ダウンする

1 今年の夏休みは、南の島に<u>ダウンする</u>のを計画している。

2 この辺りで電車を<u>ダウンして</u>、まっすぐ行くと右手に郵便局が見えてくる。

3 高熱が 3 日も続くと、体力自慢の彼もさすがに<u>ダウンして</u>しまった。

4 昨日どこかで財布を<u>ダウンして</u>しまって、困っている。

집필진 소개

上田暢美 (うえだ のぶみ) 우에다 노부미
大学・日本語学校非常勤講師
대학·일본어학교 비상근 강사

内田嘉美 (うちだ よしみ) 우치다 요시미
日本語学校非常勤講師
일본어학교 비상근 강사

桑島卓男 (くわじま たくお) 구와지마 타쿠오
元日本語講師／北海道厚沢部町公営塾 講師
전 일본어 강사, 홋카이도 앗사부초 공영 학원 강사

糠野永未子 (ぬかの えみこ) 누카노 에미코
大学・日本語学校非常勤講師
대학·일본어학교 비상근 강사

吉田歌織 (よしだ かおり) 요시다 카오리
大学・日本語学校非常勤講師
대학·일본어학교 비상근 강사

若林佐恵里 (わかばやし さえり) 와카바야시 사에리
日本語教師／日本語教師養成講座講師／ライター
일본어 교사, 일본어 교사 양성 강좌 강사, 작가

安達万里江 (あだち まりえ) 아다치 마리에
関西学院大学国際学部日本語常勤講師
간사이가쿠인대학 국제학부 일본어 상근 강사

정답
해설

해석
보기

단어
보기

단어
듣기

1회

問題 1

☐1 1
☐2 4
☐3 2
☐4 3
☐5 2
☐6 4

問題 2

☐7 2 「ひやかす 놀리다」= 상대방이 부끄러워하거나 곤란해 하는 것을 말하며 놀리다

☐8 3
☐9 4
☐10 3
☐11 1
☐12 4
☐13 1

問題 3

☐14 3 「スケール 스케일」= 크기의 정도
☐15 1
☐16 2
☐17 4
☐18 3
☐19 2

問題 4

☐20 2
☐21 3
☐22 1
☐23 4 「時間を割く 시간을 할애하다, 시간을 내다」= 예정되어 있던 시간을 다른 용무에 충당하다
☐24 1
☐25 3

2회

問題 1

☐1 3
☐2 1
☐3 4
☐4 3
☐5 2
☐6 3

問題 2

☐7 2
☐8 3 「作りが雑 만듦새가 조잡함, 조악함」= 대충 만들었다, 만드는 방법이 엉성하다
☐9 2
☐10 1
☐11 2 「うぬぼれる 자만하다」= (실제보다 그 이상으로) 자신이 뛰어나다고 생각하고 득의양양하다
☐12 1 「リストラ 정리 해고」= 여기서는 「解雇 해고」의 의미
☐13 4

問題 3

☐14 1
☐15 2
☐16 4 「申し出 신청, 제의」= 제안하다, 의사 표시하다, 자원하다
☐17 1
☐18 4
☐19 1

問題 4

☐20 3
☐21 1
☐22 2 「とっさに 순간적으로, 얼떨결에」= 그 순간에, 여기서는 나이를 질문받고 거짓말을 하기까지의 시간이 매우 짧음을 의미

23 2

24 4

25 1

3회

問題 1

1 4

2 4

3 3

4 1

5 2

6 1

問題 2

7 2 「手に負えない 감당할 수 없다」= 자신의 힘으로 처리할 수 없다

8 2

9 2

10 3 「一頃 한때」= 이전의 어느 한 시기

11 4

12 4

13 2

問題 3

14 4

15 1

16 2

17 4

18 2

19 1 「没収する 몰수하다」= 여기서는 학교에서 금지되어 있는 스마트폰을 교사가 일시적으로 학생으로부터 맡아 둔다는 의미

問題 4

20 3

21 4

22 3 「つくづく 정말, 아주, 절실히」= 여기서는 실패한 것에 대해 뼛속 깊이 싫다고 느끼고 있는 모습을 강조

23 2

24 2

25 1 「むしる 뽑다, 잡아 뽑다」= 풀, 털, 깃털 등을 손가락으로 잡아 뽑아내다

4회

問題 1

1 1

2 2

3 3

4 3

5 4

6 2

問題 2

7 4 「しくじる 실수하다」=「失敗する 실수하다, 실패하다」

8 3 「軒並み 일제히, 모두」=「どこもかしこも 여기도 저기도, 모두」

9 1 「ハンデ 핸디캡」=「ハンディキャップ 핸디캡」의 줄임말

10 2

11 4

12 3

13 3

問題 3

14 2

15 4

16 1 「とりかかる 착수하다」=「し始める 하기 시작하다」

17 1 「つじつまが合わない 앞뒤가 맞지 않다」= 이치에 맞지 않다, 논리적이지 않다

18 3

19 4

問題 4

20 1 「露骨 노골」= 감정 등을 숨기지 않고 드러내는 것

21 4

22 3

23 2 「下手をすると 자칫하면, 잘못하면」= 자칫하다가는

24 3

25 1

5회

問題 1

1 2

2 3

3 2

4 2

5 4

6 3

問題 2

7 3

8 1

9 2

10 3 「仕切る 도맡아 하다」= 책임을 지고 모든 일을 처리하다

11 4

12 3

13 2 「そむく 어기다, 거역하다」= 윗사람의 생각이나 의견 등을 따르지 않는다

問題 3

14 2

15 4

16 2

17 1 「器ではない 그릇이 아니다」= 인물의 자질등이 어떠한 입장에 어울리지 않는다

18 1

19 4

問題 4

20 2 「大まかな見積もり 대략적인 견적」= 여기서는 세밀하지 않은 어림잡은 견적

21 4

22 1

23 3 「厚かましい 뻔뻔스럽다」= 말이나 행동에 염치가 없다

24 1

25 2

6회

問題 1

1 1

2 2

3 3

4 2

5 4

6 4

問題 2

7 1

8 1

9 3 「ネックになる 걸림돌이 되다」=「障害になる 장애가 되다」

10 1

11 4

12 3 「一から十まで 하나부터 열까지」= 처음부터 끝까지, 기초적인 것부터 전부

13 2

問題 3

<u>14</u> 4

<u>15</u> 1

<u>16</u> 3 「うっとうしい 찌무룩하다, 찌뿌둥하다」= 마음이 개운치 않다, 여기서는 예를 들어 날씨가 흐리거나 비가 오는 등 나쁜 날씨가 계속되고 있는 것을 의미

<u>17</u> 4

<u>18</u> 1 「右肩上がり _{みぎかた あ} 상태가 점점 좋아짐, 호전됨」= (그래프에서 선이 오른쪽을 향해 올라가는 형태에서 비롯된 표현으로) 점점 수치가 상승하는 것을 의미

<u>19</u> 1

問題 4

<u>20</u> 4 「意地になる _{い じ} 오기가 나다, 오기를 부리다」= 반대를 당하더라도 완고하게 자신의 주장 등을 밀어붙이려고 하다

<u>21</u> 3

<u>22</u> 1

<u>23</u> 1

<u>24</u> 2

<u>25</u> 2

7회

問題 1

<u>1</u> 2

<u>2</u> 2

<u>3</u> 4

<u>4</u> 1

<u>5</u> 1

<u>6</u> 3

問題 2

<u>7</u> 1

<u>8</u> 4

<u>9</u> 4 「テンションが高い _{たか} 텐션이 높다, 흥이 많다, 신이 나다」= 기분이 들떠 있다

<u>10</u> 1

<u>11</u> 2

<u>12</u> 4

<u>13</u> 3

問題 3

<u>14</u> 1

<u>15</u> 2

<u>16</u> 3

<u>17</u> 4

<u>18</u> 3 「意図 _{い と} 의도」= 무엇을 하고자 생각하고 있는 것

<u>19</u> 4

問題 4

<u>20</u> 2

<u>21</u> 4 「白羽の矢が立つ _{しら は や た} 발탁되다」= 여러 사람 중에서 특별히 뽑히다

<u>22</u> 3

<u>23</u> 4

<u>24</u> 3

<u>25</u> 1 「ちょくちょく 이따금, 가끔씩, 간간이」= 짧은 시간이나 기간에 같은 일이 몇 번이고 반복되는 모양

8회

問題 1

<u>1</u> 1

<u>2</u> 4

<u>3</u> 4

<u>4</u> 1

<u>5</u> 4

<u>6</u> 3

問題 2

7 3

8 2 「度忘れする 까맣게 잊다」= 잘 알고 있는 것
   을 갑자기 잊어버려서 생각나지 않게 되다

9 1

10 4

11 4

12 3 「鼻にかける 내세우다, 자랑하다」=「自慢す
   る 자랑하다」

13 4

問題 3

14 1

15 2

16 3

17 2

18 4

19 1 「立ち入る 끼어들다, 주제넘다」= 남의 사적인
   일에 깊이 파고들다, 간섭하다

問題 4

20 2

21 4

22 1

23 4

24 2 「ぺこぺこする 굽실거리다」= 몇 번이고 머
   리를 조아리며 상대방의 비위를 맞추다

25 3 「いざ自分でやってみるとなると 막상 직
   접 해 보려고 하면」= 실제로 스스로 해보려고
   하면

9회

問題 1

1 3

2 2

3 3

4 4

5 2

6 4

問題 2

7 2

8 3

9 4

10 3

11 1 「見送る 보류하다, 미루다」=「取りやめる 중
   지하다」, 예정했던 일을 그만두다

12 4 「一目置く 인정하다」= 상대의 능력을 인정
   하고 경의를 표하다

13 4

問題 3

14 4

15 3

16 1 「伏せる 숨기다, 밝히지 않다」= 물건의 겉면
   을 밑으로 향하게 하다, 여기서는 이름을 말
   하지 않는 것, 알려주지 않는 것을 의미

17 3 「仰ぐ 청하다, 우러러보다」= 위를 보다, 여기
   서는 상사에게 지시를 청하는 것을 의미

18 1

19 2

問題 4

20 1

21 3

22 4

23 1 「げっそり 홀쭉함, 맥 빠짐」= 급격히 기운이
   나 기력이 떨어지거나 여윈 모양

24 2

25 2 「インテリ 인텔리전트」= 지식인

問題 1

1 3
2 2
3 1
4 4
5 2
6 3

問題 2

7 3 「米をとぐ 쌀을 씻다」 = 밥을 짓기 전에 쌀을 씻다

8 1

9 4 「タイト 타이트」 = 틈이나 여유가 없다, 꼭 끼다

10 2 「こつ 요령」 = 일을 하기 위한 중요한 포인 트, 요령

11 3
12 3
13 2

問題 3

14 3
15 2
16 1 「かこつける 핑계 삼다, 구실 삼다」 = 관계없는 다른 것을 편한 대로 관련짓다

17 1
18 4
19 1

問題 4

20 4
21 1
22 2
23 2 「やけに 유난히, 몹시」 = 정도가 심해서 이상하게 생각되는 모양

24 1
25 3 「ダウンする 녹다운되다, 쓰러지다」 = 여기서는 병이나 피로 등으로 앓아누운 것을 의미

초판인쇄	2023년 8월 21일
초판발행	2023년 8월 31일

저자	上田暢美, 内田嘉美, 桑島卓男, 糠野永未子, 吉田歌織, 若林佐恵里, 安達万里江
편집	조은형, 김성은, 오은정, 무라야마 토시오
펴낸이	엄태상
디자인	이건화
조판	이서영
콘텐츠 제작	김선웅, 장형진
마케팅본부	이승욱, 왕성석, 노원준, 조성민, 이선민
경영기획	조성근, 최성훈, 김다미, 최수진, 오희연
물류	정종진, 윤덕현, 신승진, 구윤주

펴낸곳	시사일본어사(시사북스)
주소	서울시 종로구 자하문로 300 시사빌딩
주문 및 문의	1588-1582
팩스	0502-989-9592
홈페이지	www.sisabooks.com
이메일	book_japanese@sisadream.com
등록일자	1977년 12월 24일
등록번호	제 300-2014-92호

ISBN 978-89-402-9366-9 (14730)
      978-89-402-9365-2 (set)